BEI GRIN MACHT SICH IHR WISSEN BEZAHLT

- Wir veröffentlichen Ihre Hausarbeit,
  Bachelor- und Masterarbeit

- Ihr eigenes eBook und Buch -
  weltweit in allen wichtigen Shops

- Verdienen Sie an jedem Verkauf

Jetzt bei www.GRIN.com hochladen
und kostenlos publizieren

Bibliografische Information der Deutschen Nationalbibliothek:

Die Deutsche Bibliothek verzeichnet diese Publikation in der Deutschen National-
bibliografie; detaillierte bibliografische Daten sind im Internet über http://dnb.d-
nb.de/ abrufbar.

Impressum:

Copyright © 2016 GRIN Verlag, Open Publishing GmbH
Druck und Bindung: Books on Demand GmbH, Norderstedt Germany
ISBN: 9783668255524

Dieses Buch bei GRIN:

http://www.grin.com/de/e-book/334337/deutsch-als-zweitsprache-einfluss-der-fak-
toren-alter-und-erwerbskontext

Hülya Karadag

Deutsch als Zweitsprache. Einfluss der Faktoren Alter und Erwerbskontext auf den Spracherwerb

GRIN Verlag

Inhaltsverzeichnis

Einleitung

Gegenstand der vorliegenden Examensklausur ist Deutsch als Zweitspracherwerb. Für Schülerinnen und Schüler (SuS) mit Migrationshintergrund ist die Zweitsprache Deutsch. Die Aneignung der Sprache ist grundlegend für den Schulerfolg und damit abhängig ihre zukünftige Lebensgestaltung in der Gesellschaft. Der Schul(miss-)erfolg von SuS mit Migrationshintergrund wird von PISA und IGLU gezeigt, dass die SuS mit Migrationshintergrund im deutschen Bildungssystem effektiver gefördert werden sollten, um bessere Erfolge zu erzielen. Dass Migrantenkinder und – jugendliche überproportional häufig Hauptschulen besuchen sowie keinen Schulabschluss erreichen, ist damit zu erklären, dass der Bildungserfolg nicht nur von der sozialen Herkunft abhängig ist und ein beträchtlicher Prozentsatz der SuS mit Migrationshintergrund aus niedrigen sozio-ökonomischen Status vertreten sind, sondern auch von ihrer unzureichenden zweisprachlichen Kompetenz (vgl. Kniffka und Siebert – Ott, 2007).

Seit Beginn der 1970er Jahre hat sich die Zweitspracherwerbsforschung als wissenschaftliche Disziplin entwickelt und wird in Bildungseinrichtungen, wie etwa in Schulen – wo bisher Sprachproduktionen von SuS mit Migrationshintergrund, die nicht der standardsprachlichen Norm entsprechen, als falsch bzw. fehlerhaft gewertet wurde – eine andere Sichtweise eingenommen. Demnach versucht die Zweitspracherwerbsforschung, die Prinzipien und Mechanismen nachvollzuziehen, welche den Zweitspracherwerb sowie die ihn kennzeichnenden Strukturen bestimmen (vgl. Ahrenholz, 2008).

Im Folgenden soll zunächst auf die Definitionen zum Erst-, Zweit- und Fremdspracherwerb eingegangen werden, damit beim Gebrauch der terminologischen Begriffe die differenzierenden Besonderheiten verdeutlicht werden. Anschließend sollen die Einflussfaktoren des Zweitspracherwerbs dargestellt werden. Hierbei werden die Faktoren „Erwerbskontext" und das „Alter" ausführlich diskutiert. Zur Auseinandersetzung des Themas „Deutsch als Zweitspracherwerb" werden folgende Autoren herangezogen: Als Primärliteratur beziehe ich mich auf die Autoren Bickes und Pauli (2009), Klein (1992) und Kniffka und Sibert-Ott (2007). Zur Sekundärliteratur zählen die Autoren: Pagonis (2009), Jeuk (2011), Meisel (2007), Dimroth (2007), Apeltauer (2001), Volmert (2005) und Ahrenholz (2008). Die Arbeit endet mit einer kurzen Zusammenfassung und einem kritischen Ausblick.

Grundlegende Begriffsbestimmungen

In wissenschaftlicher Literatur als Erstsprache bezeichnet, ist die Sprache, die von Geburt an, im familiären Kontext angeeignet wird, die Muttersprache. Die Bezeichnung Erstsprache entspricht in sprachwissenschaftlicher Literatur im Englischen den Bezeichnungen: First Language, Language one, native language bzw. L1. Der Erstspracherwerb kann monolingual oder auch bilingual sein (vgl. Klein, 1992). Klein zufolge wird vom monolingualem Erstspracherwerb (ESE) gesprochen, wenn entweder nur eine Sprache zwischen dem 1. und 3. Lebensjahr angeeignet wird, hingegen wird vom bilingualem ESE gesprochen, wenn zwei Erstsprachen gleichzeitig angeeignet werden. Im Folgenden soll auf den bilingualen ESE und damit ein Übergang zum Zweitspracherwerb (ZSE) eingegangen werden. Während beim bilingualen ESE zwei Sprachen gleichzeitig erworben werden, ist bereits beim ZSE ein Sprachsystem entwickelt und ein weiteres bildet sich aus (vgl. Klein, 1992). Bickes und Pauli (2009) bezeichnen das gleichzeitige Erlernen von mehr als einer Sprache bis zum dritten Lebensjahr als primäre Bilingualität bzw. simultane Bilingualität. Ein nachzeitiger Zweitspracherwerb wird als sekundär oder auch sukzessiv bezeichnet.

Im Zusammenhang des Bilingualismus werden in der Literatur drei Formen unterschieden: Einerseits „subordinate bilingualism", d.h. die Strukturen der Zweitsprache werden den Regeln der Erstsprache untergeordnet. Des Weiteren „coordinate bilingualism", d.h. die Sprachen werden in jeweils zwei voneinander getrennten sozialen Kontexten gelernt und zwei getrennte Sprachsysteme werden ausgebildet, z.B. im Elternhaus, dann in Bildungseinrichtungen. Andererseits und letztendlich „compound bilingualism" , d.h. dass der Sprachlernkontext der weiteren Sprache von dem ersten nicht getrennt ist, z.B. beim Fremdspracherwerb in der Schule (vgl. Klein, 1992)

In Bezug auf den Grad der Sprachbeherrschung für den ZSE unterscheidet Apeltauer (2001) zwischen vier Typen: Balancierter Bilinguale (Typ 1) beherrschen zwei Erstsprachen sehr gut, weil sie beide Sprache unter günstigen Bedingungen angeeignet haben und deshalb fähig sind von einer Sprache in die andere Sprache zu wechseln. In diesem Zusammenhang wird auch von primärem Bilingualismus gesprochen. Bilingualismus mit Dominanz der Erstsprache (Typ 2) sind solche, die ihre zweite Sprache weniger gut beherrschen als ihre Erstsprache. Bilingualismus mit Dominanz der Zweitsprache (Typ 3) sind solche, die ihre Zweitsprache besser beherrschen als ihre Erstsprache. Sprecher der Typen 2 und 3 verfügen über eine dominante Sprache, in der sie sich differenziert auszudrücken vermögen. Die dominante Sprache auch als „Denksprache" benannt wird auch als starke Sprache bezeichnet, während zwar eine schwache Sprache flüssig gesprochen werden kann, wird ihr Gebrauch als anstrengender empfunden, wobei in diesem Kontext von sekundärem Bilingualismus gesprochen wird. Semilingualismus bzw. „Halbsprachige" (Typ 4) sind solche, die nur begrenzte Kompetenzen ihrer Zweitsprache verfügen und darum verstärkt körpersprachliche Mittel zur Verständigungssicherung einsetzen.

Nach Klein (1992) spielt das Alter eine besondere Rolle bei der Unterscheidung des ZSEs, da vom 3. und 4. Lebensjahr bis zur Pubertät der „ZSE des Kindes" gilt, dann ab der Phase der Pubertät die Rede vom „ZSE des Erwachsenen" gilt. Die Zweitsprache, die zeitlich versetzt zur Erstsprache angeeignet wird, wird nach englischer Bezeichnung als L2 verstanden. Zweitsprache wird als Sammelbegriff für alle Formen der Sprachaneignung nach der Erstsprache verwendet und wird weiterhin unter Tertiärsprachen und Fremdsprachen differenziert (vgl. Ahrenholz, 2008). Der Terminus Tertitärsprachen auch L3 bezeichnet, verwendet die Grundannahme, dass bestimmte Sprachaneignungsprinzipien ähnlich sind, erworbenes Sprachwissen und entwickelte Sprachlernstrategien übertragen werden können und die den Drittspracherwerb beeinflusst (vgl. Klein). Es ist notwendig, die Zweitsprache und von der Fremdsprache abzugrenzen, da die verschiedenen Erwerbstypen durch zwei unterschiedliche Erwerbskontexte unterscheiden, auf die im nächsten Abschnitt unter Einflussfaktor auf den Spracherwerb eingegangen werden soll.

Erwerbskontext – Einflussfaktor auf den ZSE

Im Folgenden soll nach Klein auf den Erwerbskontext eingegangen werden, dann auf den Einfluss des Alters auf den ZSE.

Klein (1992) differenziert beim Erwerbskontext zwischen gesteuertem und ungesteuertem ZSE. Der Erwerb einer Zweitsprache „ohne systematische intentionale Versuche", in der alltäglichen Kommunikation wird als ungesteuerter ZSE bezeichnet, z.B. ein immigrierter Arbeiter, der ohne sprachliche Kenntnisse des Ziellandes durch soziale Kontexte in seiner Umgebung sich die Sprache aneignet. Für den Prozess im ungesteuerten Spracherwerb greift der Lerner auf sein Ausdrucksrepertoire, das aus nonverbalen Mitteln zur Kommunikation bereitsteht. Dabei wird der Lerner vor zwei Aufgaben gestellt: Zum einen vor der „Kommunikationsaufgabe", d.h. eine optimale Nutzung seines Repertoires sowohl in der Produktion als auch im Verstehen, und zum anderen vor der „Lernaufgabe", d.h. sich sprachlich an die Zielsprache anpassen. Damit ist die Kommunikationsaufgabe ein „stabilisierender Faktor" die eng miteinander zusammenhängen und den Zweitspracherwerbsprozess bewirken. Die sogenannten „Vermeidungsstrategien" bzw. „avoidance strategies" ist ein typischer Aspekt für den ungesteuerten ZSE. Demnach umgeht der Lerner, z.B. bei unbekannten Wörter, mit Hilfe von Umschreibungen oder durch Themenwechsel und Vermeidungen. Diese Strategie ist „Gebrauchsstrategie", die zur Kommunikationsaufgabe zählt, aber keine „Erwerbsstrategie" ist, weil der Druck, den Erwerbsprozess voranzutreiben verringert wird, aber hemmend wirkt. Ein weiterer typischer Aspekt ist die geringe Fokussierung auf die Sprache selbst. Demnach hat der „kommunikative Erfolg", eine größere Bedeutsamkeit für den Lerner, d.h. die Aussicht mit allen Ausdrucksmitteln zu verstehen und sich verständlich zu machen, als die „formale Richtigkeit" der Sprache. Dabei ist die „mentale sprachliche Komponente" bzw. „die Reflexion über Sprache" gering entwickelt.

Im Gegensatz zum ungesteuerten ZSE ist der gesteuerte ZSE systematisch und intentional durch Unterricht gekennzeichnet, entweder durch ein Aufbereiten von Material oder nur eine Beschreibung des Materials wird angeboten, wie z.B. im Grammatikunterricht. Dem gegenüber steht der „kommunikative Unterricht". Hierzu wird eine Kommunikationssituation durch Rollenspiele und wenig Grammatik geplant, um einen ungesteuerten Spracherwerbsprozess nahe zu kommen bzw. zu begünstigen.

Der Unterschied zwischen gesteuertem und ungesteuertem Spracherwerbsprozess ist die Art und die Reihenfolge der anzubietenden Eigenschaften der Zielsprache und damit verbunden sind die Schwierigkeiten und die Bedeutsamkeit der sprachlichen Strukturen. So wird z.B. beim gesteuerten ZSE der Flexionsmorphologie ein hohes Gewicht beigemessen, wohingegen diese im gesteuerten ZSE eine untergeordnete Rolle spielt. Auch besteht im gesteuerten ZSE im Gegensatz zum ungesteuerten ZSE kein Zwang, weil hierbei Methoden, wie z.B. Übungen eingesetzt werden.

Wie beschrieben, gibt es auch Fälle des gesteuerten ZSE, dass die Sprache in Form des Grammatikunterrichts auch durch den kommunikativen Unterricht angeeignet wird. In solchen Fällen ist nicht ganz möglich, dass zwischen „Erwerben" und „Lernen" eine klare Differenzierung besteht. Die Unterscheidung in ungesteuertem und gesteuertem Erwerb entspricht weitgehend die Dichotomie Erwerben und Lernen, die auch mit der Unterscheidung von ZSE (= ungesteuerter Erwerb) und Fremdsprachlernen (= gesteuerter Erwerb) identifiziert werden (vgl. Ahrenholz, 2008). Während Erwerben stärker Prozesse fokussiert, die nicht intentional gesteuert sind, verweist Lernen auf einen absichtsvollen Aneignungsprozess. Lernen ist mit einer starken Selbstkontrolle in Bezug auf die Einhaltung von angeeigneten Regeln verbunden, während Erwerben, die nicht kontrollierten Seiten der Sprachaneignung bezeichnet. (vgl. ebd.) Nach Volmert (2005) ist unter Spracherwerb zu verstehen, dass die eigene produktive Aneignung durch das Kind bekommt das größere Gewicht gegenüber dem angebotenen sprachlichen Input. Volmert zufolge wird dann unter „Sprachlernen" verstanden, dass das Kind als „tabula rasa" ausschließlich durch den Lernprozess angeeignet wird. Da die Bezeichnungen Spracherwerb und Sprachlernen verschiedene Konnotationen haben können, wird häufiger der neutrale Begriffe „Sprachaneignung" verwendet (vgl. Ahrenholz, 2008). Da der deutsche Sprachgebrauch den Ausdruck „Erwerber" in diesem Kontext nicht kennt, wird im ZSE von „Lernern", „Lernersprachen" oder „Lernervarietäten" gesprochen (ebd.).

Die Relevanz des Erwerbskontextes kann am Beispiel des Prinzips „eine Person – eine Sprache" zeigen, dass bilingual/ zweisprachige/ mehrsprachige Kinder lernen den Sprachinput zweier Sprachsysteme voneinander zu trennen. Während für das Kind im familiären Kontext von Bedeutung ist, dass sie sich für eine Sprache beim Gebrauch entscheiden sollten bzw. auch nicht unbedingt gefordert ist, eine Sprachtrennung vorzuziehen, weshalb es zu Sprachmischungen kommt, hat das Kind jedoch im institutionellen Kontext keine andere Wahl, dass es zur Sprachtrennung kommen muss (vgl. Jeuk, 2011). Mangelnde Fähigkeit zur Sprachtrennung sei der Ausdruck der Halbsprachigkeit und damit als negativ zu bewerten ist im Hinblick auf Mehrsprachigkeit (vgl. Jeuk, 2011).

Sprachmischungen sind Übertragungen sprachlichen Wissens aus zuvor erlernter Sprache in die Zielsprache. Der Vorgang wird als Transfer bezeichnet und das Ergebnis als Interferenz (vgl. Jeuk, 2011). Beim Transfer ist zwischen negativem und positivem Transfer zu unterscheiden.

So lernen z.B. beim simultanen Zweispracherwerb, Kinder das phonologische Lautsystem zwischen zwei Sprachsystemen zu trennen, während beim sukzessiven Zweitspracherwerb und ab einem gewissen Alter, ein Transfer nicht auszuschließen ist, wenn z.B. ein „typisch" französischer Akzent beim Erlernen des Deutschen als Zweitsprache als Interferenz interpretiert wird. Das Übertragungen von Strukturen und Elementen aus der einen Sprache in eine zweite Sprache, geht auf die Kontrastivhypothese, die auf der Grundlage eines behavioristischen Erklärungsansatzes formuliert wurde und davon ausgeht, dass das sprachliche Vorwissen eine entscheidende Rolle spielt (vgl. Kniffka und Siebert- Ott, 2007). Dieser Hypothese zufolge, kommt es zum positiven Transfer, wenn Merkmale der Erstsprache auf die Zweitsprache transferiert werden aufgrund von Gemeinsamkeiten bzw. Ähnlichkeiten, welche schnell und leicht gelernt werden, wenn sich die Sprachen stark unterscheiden, führen Lernschwierigkeiten und Fehler zur Erscheinung vom „negativem Transfer" bzw. zu „Interferenzen" (vgl. Klein, 1992). Für viele Wissenschaftler wie auch Klein gilt die Hypothese

„falsch", obgleich Interferenzen bei strukturellen Unterschieden vorkommen, können sie zugleich ähnlichen Strukturen zweier Sprachsysteme auch begegnen. Die Kritik nach Jeuk (2011) geht darauf, dass die Hypothese sprach- und grammatikzentriert ist und außersprachliche Bedingungsfaktoren wie z.B. das Alter ausblendet (vgl. Jeuk,2011). Der Transfer unterscheidet noch zwischen zwei typische bzw. bekannte Phänomene im Kontext des Zweitspracherwerbsforschung: Code- switching und code-mixing. Beim Code- switching bzw. Sprachwechsel wählt der Sprecher in Abhängigkeit von dem Interaktionspartner oder vom Gesprächsthema bewusst zwischen Sprachen und trägt damit zu entscheidender soziokommunikativen Kompetenz bei, die sowohl pragmatisch als auch grammatisch impliziert (vgl. Bickes und Paul, 2009). Code-Mixing bzw. Sprachmischung ist in Form von lexikalischen Mischungen, die am häufigsten zu beobachtenden Transferphänomene, das nicht bewusst stattfindet, sondern sei ein Mangel an pragmatischer Kompetenz, wobei es fraglich ist, ob die Deutung von Code- Mixing zu betrachten. Es kann auch ein Indiz von Kompetenz sein, dass entsprechende Wort einer anderen Sprache in zielsprachliche Strukturen einzubinden, nämlich um die Kommunikation aufrechtzuerhalten (vgl. Bickes und Pauli, 2009). Es sei auch die Frage ungeklärt, ob es sich um Erwerbsstrategien oder um Kommunikationsstrategien handelt.

Alter – Einflussfaktor auf den ZSE

Die Bedeutung des Alters für das Lernen weiterer Sprachen spielt eine besondere Rolle, sowohl im Hinblick auf den Fremdspracherwerb, als auch im Hinblick auf mögliche sprachliche Defizite bei Kindern mit nichtdeutscher Muttersprache (vgl. Dimroth, 2007). Die Frage, ob und in welcher Weise das Alter des Lerners zu Erwerbsbeginn (AzE) den Spracherwerb beeinflusst und wie dieser Einfluss erklärt werden kann, ist das Forschungsgegenstand, das kontroverse Diskussionen bietet (vgl. Pagnois, 2009). Zahlreiche Studien belegen: Dass verschiedene Zeitpunkte des Erwerbsbeginns von besonderer Relevanz zu seinen. So ist unter prä-pubertären Anfängern (unter vergleichbar guten Erwerbsbedingungen) ein hohes Maß an Homogenität der Endzustände zu beobachten (nämlich eine von monolingualen Lernern ununterscheidbare Sprachbeherrschung), während unter post- pubertären Lernern ein hohes Maß an Heterogenität der Endzustände nachweisbar ist (vgl. Pagonis, 2009). Bei der Suche nach einer Erklärung für den Altersfaktor stehen zwei Fragestellungen im Mittelpunkt: Einerseits „warum erwerben Kinder eine Zweitsprache tendenziell erfolgreicher als erwachsene Lerner", andererseits „warum sind unter erwachsenen Lernern große Unterschiede im Endzustand des Spracherwerbs zu beobachten?" (vgl. Pagnois, 2009). Der Zusammenhang zwischen Alter und Endzustand ist ursächlich für die individuellen zu beobachtbaren Unterschiede, die von drei Faktoren abhängig sind und sie in ihrem Ausmaß mit dem Alter verändern:

Das kognitive Vermögen, sprachliche Informationen zu verarbeiten (Faktor 1), der Zugang zum Sprachangebot (Faktor 2) und ein Erwerbsantrieb, also der „Beweggrund", aus dem Lerner sein Sprachvermögen auf das zugängliche Sprachangebot anwendet (vgl. Pagonis, 2009). Zwei Erklärungsansätze werden zur Diskussion über den Zusammenhang zwischen Alter und Endzustand gezogen: Die Hypothese der kritischen Periode, in deren Zentrum die Annahme eines neurobiologischen Reifungsprogramms steht bezogen auf den Faktor 1, und ein antriebsorientierter Erklärungsansatz, in dessen Mittelpunkt, die sozial-psychologische Bereitschaft zum Spracherwerbs steht, bezogen auf den Faktor 3 (vgl. Pagonis, 2009).

Den Zusammenhang zwischen reifungsbedingten biologischen Veränderungen und Änderungen des Sprachvermögens ergibt sich aus der Hypothese der kritischen Periode (Critical Period Hypothesis), wie sie zuerst von den Neuropsychologen Penefield und Roberts 1959 ursprünglich für den Erstspracherwerb formuliert wurde und dann von Lenneberg 1967 aufgegriffen, der erstmals eine zeitliche Begrenzung für den ESE etablierte und damit auch eine deutliche Unterscheidung zwischen ESE und ZSE (vgl. Meisel,2007;Klein, 1992; Bickes und Pauli, 2009). Die weitverbreitete Annahme einer kritischen Periode für den Spracherwerb geht davon aus, dass ein biologisches determiniertes Zeitfenster existiert, in der Sprache optimal erworben werden kann (vgl. Pagonis, 2009). Nach der Theorie erfolgt in einer Zeitspanne vom zweiten Lebensjahr bis in die Pubertät ein optimaler Spracherwerb, was nicht bedeutet, dass nach der Pubertät nicht noch eine Sprache gelernt werden könnte, nur aber physiologisch betrachtet auf andere weniger leichte Weise (vgl. Klein, 1992). Aufgrund dieses biologischen Unterschieds etablierte Lenneberg erstmals eine zeitliche Begrenzung für den Erstspracherwerb und damit auch eine deutliche Unterscheidung zwischen ESE- und Zweitspracherwerbsprozesse (vgl. Klein, 1992; Bickes und Pauli, 2009). Befürworter dieser Theorie wie auch Meisel (2007) dazuzählt, ziehen aus der Beobachtung- warum L2- Lerner, denen es gelingt, eine nahezu muttersprachliche Kompetenz zu erwerben, in der Regel nur in einem oder in einigen Bereichen so erfolgreich sind, nicht aber in allen- die Schlussfolgerung ableiten, dass die Kritische Periode als ein „Bündel sensibler Phasen" zu verstehen ist, dass eine optimale Periode nicht abrupt beginnt und endet, sondern dass, innerhalb einer relativ kurzen Zeitraums einsetzt (onset) und rasch den Höhepunkt (peak) erreicht, dann aber über einen längeren Zeitraum (offset) ausklingt. Außerdem erklärt Meisel (2007), dass das Konzept der kritischen Periode nur auf Teilbereiche des Sprachvermögens wie etwa grammatische Bereiche zu verstehen ist, ein Fakt, der in der Debatte um diese Thematik nicht beachtet wird. Ein weiteres Argument für die Plausibilität der Hypothese ist, dass es schwierig macht, Altersangaben für sensible Phasen zu machen, da die Rolle des Alters zum Erwerbsbeginn beim sukzessiven Erwerb von Sprachen an jedem Punkt der Entwicklung altersbedingte Unterschiede im Vergleich zum monolingualen und zum simultanen bilingualen Erwerb auftreten können (vgl. Meisel, 2007). Zu den häufigsten Vorurteilen in Bezug auf das Lernen einer zweiten oder weiteren Sprache gehört die Ansicht, dass früher Erwerb der Zweitsprache vorteilhaft sei, da insbesondere jüngere Kinder eine zweite Sprache schnell, spielerisch und problemlos lernen. Damit verbunden ist die Meinung, dass nach der Pubertät eine fremde Sprache nur noch unter großer Anstrengung und nicht mehr perfekt gelernt werden könne. Begründet wird diese Auffassung häufig mit der Lernbiographie Erwachsener in Bezug auf schulisches Fremdsprachenlernen im Vergleich mit bilingualen Kindern. Der Eindruck der Mühelosigkeit des Zweitspracherwerbs bilingualer Kinder entsteht vor dem Hintergrund des weitgehend unproblematischen Erwerbs des phonologischen Systems. Dies wird nach Jeuk (2011) mit dem Hinweis begründet, dass mit steigendem Alter automatisierte sprechmotorische Prozesse schwer beeinflussbar seien. Die Fähigkeit, sich die lautlichen Eigenschaften einer Sprache anzueignen, sagt aber relativ wenig über semantische und syntaktische Entwicklungspotenziale aus. Vielmehr besteht im Gegenzug die Gefahr, dass Lehrende aufgrund guten konzeptionell- mündlichen Fertigkeiten auf eine allgemeine gute Sprachkompetenz in der Zweitsprache ausgehen, wobei Defizite in den konzeptionell- schriftlichen Bereichen nicht sofort erkannt werden (vgl. Kniffka und Siebet- Ott, 2007). Die Unterscheidung von konzeptioneller Mündlichkeit und Schriftlichkeit spielen beim Spracherwerb eine besondere Rolle. In Bezug auf den ZSE spielt das von Cummins 1979 geprägte Begriffspaar BICS (Basic Interpersonal Communication Skills) - bezogen auf die Fertigkeit in der Alltagskommunikation - und CALP (Cognitive Academic Language Profiency) - bezogen auf die Bildungssprache - eine wichtige Bedeutung. Während konzeptionell – mündliche Fertigkeiten (BICS) in einem zweitsprachlichen Kontext schnell erworben werden kann, dauert der Aufbau konzeptionell- schriftlicher Fertigkeiten (CALP) mehrere Jahre, wobei die konzeptionell- schriftliche Kompetenz maßgeblich für den Schulerfolg als bewiesen gilt (vgl. Kniffka und Siebert- Ott, 2007). Klein (1992) sogar zeigt mit Bezug auf die Untersuchung von Neufeld, dass entsprechend gut motivierte Erwachsene die Aussprache so perfekt lernen können, dass sie von muttersprachlichen Sprechern nicht mehr am Akzent erkannt werden. Dies beweist, dass ein perfekter Zweitspracherwerb nach der Pubertät biologisch durchaus möglich ist. Auch Jeuk (2011) zeigt an, dass die Hypothese

Lennebergs als widerlegt gilt, da das menschliche Gehirn weit über die Pubertät hinaus lernfähig ist, allerdings werden mit dem Älterwerden andere Lernmechanismen wirksam. So werden in Bezug auf systematisch-analytische Lernstrategien, vor allem in gesteuerten Situationen, ältere Lerner jüngeren gegenüber im Vorteil sein. Andererseits sind Kinder für intuitive Vorgehensweisen, wie sie für natürliche Erwerbssituationen kennzeichnend sind (vgl. Jeuk, 2011). Auch Dimroth (2007) deutet mit neueren Untersuchungsergebnissen daraufhin, dass es immer wieder erwachsene Lerner gibt, deren Endstand in den Bereich der muttersprachlichen Norm fällt.

Um den Nachweis erfolgreicher späterer Lerner zu unterstreichen und damit Argumente gegen die Plausibilität der Hypothese zu erfassen, wurde als alternativer Erklärungstheorie als empirischer Befund zum Altersfaktor ein „antriebsorientierter Erklärungsansatz" entwickelt (vgl. Pagonis, 2009). Da es auch schwierig ist, die Variable Alter zu isolieren und ihren Einfluss auf den Zweitspracherwerbsprozess zu bestimmen, ist zu berücksichtigen, dass der Faktor Alter mit anderen Einflussfaktoren eng zusammenhängen. So ändern sich mit zunehmendem Lebensalter, beispielsweise die affektiven und attitudinalen Variablen, unter denen etwa der Faktor Motivation subsumiert werden (vgl. Kniffa und Siebert- Ott, 2007). Im Rahmen der Zweitspracherwerbsforschung lieferten Gardner und Lambert 1972 einen bedeutenden Beitrag zur Konzeption von Motivation, um sich mit der Frage zu befassen, welchen Einfluss die Motivation auf den Spracherwerbserfolg hat (vgl. Kniffka und Siebert- Ott, 2007). Sie unterscheiden zwischen instrumentelle und integrative Motivation als Lernantrieb. So wäre die Erklärung der Korrelation zwischen Alter und Endzustand, dass jüngere Lerner tendenziell im Vorteil sind als erwachsene Lerner, da sie einen integrativen Erwerbsantrieb aufweisen, das das Ziel sowohl die Kommunikation als auch der sozialen und sprachlichen Integration in der Gemeinschaft verfolgt. Das Integrationsbedürfnis ist das entwicklungspsychologische Ziel für die Identitätsfindung bzw. Identitätsbildung das mit dem Lebensjahr zusammenhängt und daher prägend bei jüngeren Lerner ist, während erwachsene Lerner mit der Identitätsbildung abgeschlossen sind, und demnach die Bereitschaft eine bereits erworbene Identität aufzugeben, geringer ist bzw. nicht mehr der Fall ist (vgl. Pagonis, 2009; Dimroth, 2007; Klein, 1992). Somit sei nach Schuhmann (zitiert in Dimroth 2007) erklärbar, warum ältere Lerner gewisse sprachliche Abweichungen in der Zielsprache aufweisen. Demnach erhalten sie zum Schutz ihrer in einer anderen sprachlichen Umgebung abgeschlossene Identität aufrecht und lernen, wenn auch mit stärkerem Druck zur sprachlichen Assimilation als Mittel zur Kommunikation bzw. zur bestimmten Zwecken wie etwa für arbeitswirtschaftliche Vorteile (vgl. Dimroth, 2007; Kniffka und Siebert- Ott, 2007). Um die Unterschiede im Erwerbserfolg innerhalb der Gruppe der erwachsenen Lerner zu erklären, verdeutlicht Pagonis (2009), dass der Erwerbsantrieb eines Lerners trotz des entwicklungspsychologischen geringen Identifikationsbedürfnisses, eine integrative Erwerbsbereitschaft ausbildet. Demnach also setzt sich der „Erwerbsantrieb" aus der „altersbedingten Bereitschaft zur Identifikation mit der zielsprachlichen Gemeinschaft" und aus der „individuellen Erwerbsmotivation". In Abhängigkeit von Einflussfaktoren wie Alter und Motivation, kann sich der Erwerb die Sprache zu lernen, nicht mehr weit entwickeln oder zu Kompetenzverlusten führen, und damit ursächlich sein als Erklärung für die Fossilierung als ein Zustand im Zweitspracherwerb (vgl. Kniffka und Siebert – Ott). Um dies nicht zu bewirken gilt aus der Sicht der Zweitspracherwerbsforschung als günstige Erwerbsbedingungen, ein angemessener Zugang zur Zielsprache bzw. Input. Der Zugang steht im Zusammenhang mit Aufenthaltsdauer, Wohnsituation, Arbeitssituation und damit gegebene Interaktionsmöglichkeiten mit Muttersprachlern oder der Verwendung der Zweitsprache Deutsch als Lingua Franca.

Fazit

Es gibt viele Faktoren, die den ZSE beeinflussen: So gehören zu den sprachbezogenen Faktoren, sprachliche (Vor-) Kenntnisse sowie der Grad der Beherrschung der beteiligten Sprachen. Bei den nicht-sprachbezogenen Faktoren sind zwischen internen und externen Faktoren zu unterscheiden. Dargestellt sind für die internen Faktoren das Alter im Hinblick auf die Frage der Motivation bzw. des Antriebs die entwicklungspsychologische und kognitive Entwicklung sowie die Ausgeprägtheit der Sprachlernfähigkeit. Der Antrieb unterliegt als externer Faktor, wenn es um Handlungsabsichten in der Gesellschaft der Zielsprache geht (vgl. Ahrenholz, 2008). Bei der Untersuchung des ZSEs soll der Erwerbskontext genau bestimmt und auch je nach Spracherwerbstypen wirken die Einflussfaktoren unterschiedlich auf das Lernen der Sprache ein (vgl. Jeuk, 2011). Auch sollte es um Zweitspracherwerb in unterschiedlichen Lebensaltern unterschieden werden, da sonst die Frage nach dem Einfluss des Alters, mit dem Erwerb der Erstsprache nicht auseinanderzuhalten wäre und damit auch die Gleichsetzung der kritischen Periode, was als problematisch gilt, da es Unterschiede zwischen ESE und ZSE gibt (vgl. Dimroth, 2007).

Festzuhalten ist, dass Kinder eine Sprache wie Erwachsene auch mit viel Mühe und Schwierigkeiten aneignen müssen. Im Hinblick auf eine akzentfreie Aussprache sind Kinder zwar im Vorteil, doch sind Faktoren, wie z.b. Motivation und Inputqualität entscheidend. Die Annahme, Kinder würden leicht und schnell eine zweite Sprache lernen, birgt die Gefahr in sich, dass diejenigen, bei denen das nicht der Fall ist, in Bezug auf kognitive oder sprachliche Fähigkeiten als defizitär wahrgenommen werden und dies wird gerade bei türkischen Migrantenkindern häufig stigmatisiert. Diese Bewertung geht mit gesellschaftlicher Diskriminierung und sozialer Ausgrenzung einher und führt häufig zu einem negativen Selbstkonzept in Bezug auf die Sprachkompetenz und damit auch unmittelbar negative Auswirkungen auf die schulischen Leistungen bzw. den Schulmisserfolg (vgl. Jeuk, 2011).

Literaturverzeichnis

Ahrenholz, Bernt (2008): Zweitspracherwerbsforschung. In: Ahrenholz, Bernt; Oomen- Welke, Ingelore (Hrsg.): Deutsch als Zweitsprache. Baltmannsweiler: Schneider Verlag Hohengehren. S. 64 – 80.

Ahrenholz, Bernt (2008): Erstsprache – Zweitsprache – Fremdsprache. In: Ahrenholz, Bernt; Oomen- Welke, Ingelore (Hrsg.): Deutsch als Zweitsprache. Baltmannsweiler: Schneider Verlag Hohengehren. S. 3 – 16.

Apeltauer, Ernst (2001): Bilingualismus – Mehrsprachigkeit. In: Helbig, Gerhard et. al . (Hrsg.): Deutsch als Fremdsprache. Ein internationales Handbuch. Berlin: de Gruyter Verlag. S. 628 – 637.

Bickes, Hans; Pauli Ute (2009): Erst- und Zweitspracherwerb. Paderborn: Fink Verlag.

Dimroth, Christine (2007): Zweitspracherwerb bei Kindern und Jugendlichen: Gemeinsamkeiten und Unterschiede. In: Anstatt, Tanja (Hrsg.): Mehrsprachigkeit bei Kindern und Erwachsenen. Erwerben – Formen – Förderung. Tübingen: Attempto Verlag. S.115 – 138.

Klein, Wolfgang (1992): Zweitspracherwerb. Studienbuch Linguistik. Frankfurt am Main. Athenäum Verlag.

Kniffka, Gabriele; Siebert-Ott, Gesa (2007): Deutsch als Zweitsprache: Lehren und Lernen. Paderborn: Schöningh Verlag.

Jeuk, Stefan (2011): Erste Schritte in der Zweitsprache Deutsch. Eine empirische Untersuchung zum Zweitspracherwerb türkischer Migrantenkinder in Kindertageseinrichtungen. Freiburg in Breisgau: Filibach Verlag. S. 43 – 48 und 53 – 55.

Meisel, Jürgen (2007): Mehrsprachigkeit in der frühen Kindheit: Zur Rolle des Alters bei Erwerbsbeginn. In: Anstatt, Tanja (Hrsg.): Mehrsprachigkeit bei Kindern und Erwachsene. Erwerben – Formen – Förderung. Tübingen: Attempto Verlag. S. 93 – 113.

Pagonis, Giulio (2009): Überlegungen zum Altersfaktor am Beispiel eines kindlichen und jugendlichen DaZ-Erwerbs. In: Ahrenholz, Bernt (Hrsg.): Empirische Befunde zu DaZ-Erwerb und Sprachförderung: Beiträge aus dem 3. Workshop „Kinder mit Migrationshintergrund". Freiburg in Breisgau: Filibach Verlag. S. 193 – 212.

Volmert, Johannes (2005): Primärer Spracherwerb. In: Vollmert, Johannes (Hrsg.): Grundkurs Sprachwissenschaft: Eine Einführung in die Sprachwissenschaft für Lehramtsstudierende. München: Fink Verlag. S. 207 – 231.